Petra Fietzek   *Ins eigene Leben geschrieben*

Petra Fietzek
Ins eigene Leben geschrieben

Psalmen für heute

Mit Bildern von Rainer Fietzek
und einem Nachwort von Carl Möller

MATTHIAS·GRÜNEWALD·VERLAG

Vorwort

Die 150 Psalmen des Alten Testaments fordern seit Jahrhunderten Menschen zum *Mitleben* heraus: Jüdinnen und Juden und – in der Nachfolge Jesu – Christinnen und Christen.

Durch die emotionale Direktheit ihres Gottesbezuges setzen die Gebete und Lieder auch meinen eigenen Gottesbezug frei, mein eigenes Klagen, Loben, Bitten und Danken in der Gegenwart des lebendigen Gottes. So habe ich mich vom *Buch der Psalmen* inspirieren lassen, darin anklingende Lebens- und Glaubenserfahrungen ins Hier und Heute einzuschreiben.

Personale und nicht-personale Metaphern der Psalmen für den unfassbaren Gott JHWH münden in meinen Texten in die direkte Ansprache »Du« als lebendigem Gegenüber.

Die Auswahl meiner Psalmenzitate ist subjektiv und bezieht sich auf einzelne Verse der Psalmen. Somit verwende ich eine andere Vorgehensweise als zum Beispiel Martin Buber, Kurt Marti, Fridolin Stier oder Arnold Stadler, die Psalmen in ihrer gesamten Komplexität durch eigenes Übersetzen interpretieren.

Bewusst habe ich davon abgesehen, meine Texte nach Themen zu ordnen. Ist doch gerade das *Buch der Psalmen* lebendiger Spiegel des Nebeneinanders menschlicher Befindlichkeiten in allen möglichen Facetten. Insgesamt ist es mir ein Anliegen, dass in meinem Buch wie im Psalterium des Alten Testaments eine

Hinführung aus bedrängender Gottsuche zum befreienden Gotteslob durchschimmert.

Die Aufteilung des Buches folgt den Vorgaben des *Stuttgarter Alten Testaments*, herausgegeben von Erich Zenger (3. Aufl. 2005).

Alle Momentaufnahmen dieses Buches möchten Leserinnen und Leser dazu einladen, dem *Buch der Psalmen* im eigenen Leben individuell Einlass zu gewähren.

Petra Fietzek

Das Proömium
Ps 1–2

Wohl allen, die ihm vertrauen
Ps 2,12

Im satten Grün sitzen wir,
denken über Dich nach.

Du schenkst uns alles.

Doch entflammst Du
bitterlich enttäuscht,
wenn ich fremde Ringe küsse.

Du ersehnst
mein Vertrauen zu Dir
ohne doppelten Boden.

In meinem Herzgehölz
will ich wagen,
mit Dir zu leben,
der Du bei uns bist
bei Tag und bei Nacht.

Das erste Buch
Ps 3–41

Du hast mir Raum geschaffen,
als mir angst war
Ps 4,2

Stricke umzurrten
meinen Eigenwert.
Ich hing am seidenen Faden
meiner Sucht.

Du zerschlugst
die Todesdrähte
mit Deiner zornigen Hand.

Ich spürte Deine Traurigkeit.
Ich spürte Deine Liebe.

Ich atme auf in Deiner Weite.

Am Abend bette ich
meine Unruhe in Deine Ruhe,
meinen Kleinmut in Deinen Großmut,
mein Sterben in Dein Leben.

Behüte mich, Gott,
denn ich vertraue Dir
Ps 16,1

Ich vertraue Dir,
auch wenn kraftvolle Föhren
sich vor Sturmschmerz krümmen,
auch wenn arglose Vögel
an zerzackten Klippen zerschellen,
auch wenn Dein Name
mir zum Fremdwort wird.

Nimm mich
unter Deinen weiten Hut,
den blauen
mit den sorglosen Tupfen.

Von Dir behütet
leb ich im Dennoch
mit aufmerksamem Herzen.

Er führte mich hinaus ins Weite
Ps 18,20

Als ich
von meinem Leben
nichts mehr erwartete,
schenktest Du mir
überraschend
Himmelsschlüssel.

Ich erschrak.

Erst
als ich mit Dir gerungen hatte
und mit mir gerungen hatte,
ließ ich Dich gewähren.

Du führtest mich hinaus ins Weite.

Ich legte mir Scheuklappen zu,
zu scheu zu schauen,
was ich schauen könnte.

Doch Du lehrtest mich,
mein Leben
in meine Hände zu nehmen,
tätowiert
mit frischer Lebenslust.

Mein Gott, warum hast Du mich verlassen?
Ps 22,2

Als Entsetzliches geschah,
hast Du Dich von mir abgewendet,
Deine Nähe mir entzogen,
mich mutterseelenallein gelassen.

Ausgerechnet dann,
als ich fest mit Dir rechnete
und Dich, nur Dich
so sehr benötigte!

Ich habe mich gewunden
in meinem düsteren Klagen.
Ich bin zum Gespött geworden
in meinem gellenden Schrei.

Wozu Dein Verstecken?
Wozu Dein Schweigen?

Antworte mir!

Denn Du bist bei mir
Ps 23,4

Im Keller des Krankenhauses
auf der Liege im kalten Raum
unter dem lärmenden Großapparat
der Strahlentherapie
bist Du bei mir.

Du hast Deine Nacktheit
mit gelbem Handtuch bekleidet,
bedruckt mit Seepferdchen.
Stumm rinnen Tränen
aus Deinen Augenwinkeln.

Du liegst auf dem Rücken.
Du hoffst auf Heilung.
Du hast Krebs
mit mir.

Du deckst mir den Tisch
vor den Augen meiner Feinde
Ps 23,5

Du deckst mir den Tisch
mit blauweißem Geschirr,
mit Vasen voll duftender Rosen
und Milch und Honig.

Du deckst mir den Tisch
und summst dabei leise.

Nichts vergisst Du, was ich mag.

Ich denke,
dass ich das nicht verdient habe,
dass eigentlich ich den Tisch decken müsste,
dass mir meine Arbeitszeit mit Warten davonläuft,
dass ich mich nicht einfach so verwöhnen lassen könne,
dass das alles pure Verschwendung sei.

Doch Du deckst mir den Tisch
und summst dabei leise.

Du salbst mein Haupt mit Öl
Ps 23,5

Ich bin Deine Königin,
Liebhaber meines Lebens.

Ich schreite aufrecht und langsam,
entlasse gehetzte Tiere aus mir.

Du trägst meine rissige Schleppe.
Du setzt mich auf goldenen Thron.

Du ziehst meine schäbige Tarnkappe ab
und salbst behutsam mein Haupt.

Nichts ist Dir zu teuer für mich,
weil ich Dir teuer bin.

Er befreite meine Füße
aus dem Netz
Ps 25,15

Mein Trippeln
zwischen Lügen und Mut
mit verstrickten Füßen.
Fesselstriemen
im Nicht-ein-noch-Aus.

Eigentlich
meine ich es doch gut
oder zumindest nicht schlecht
oder zumindest nicht so schlecht,
wie es scheint.

Eigentlich will ich nur leben,
so leben,
wie für mich mein Leben lebbar ist.

Entwirre die engen Muster
meiner Selbstzerfleischung
mit Deinem Verstehen.

Hilf mir,
meine eigenen Füße
auf eigene Füße zu stellen.

Ich liebe den Ort, wo Dein Tempel steht
Ps 26,8

Mein verstörtes Herz
flieht in Chaoszeit
zu Deinem Heiligtum
in meiner alten Stadt.

Dort blüht Kopfsteinpflaster,
duftend nach Bohnerwachs,
Federnelken und Lauch.

Ich taste uralte Mauersteine.

All meine Sinne schöpfen Kraft
in Deiner stillen Gegenwart.

Du allein weißt
um das Gewächshaus meines Glaubens,
in das fette, feiste Steine flogen.

Lass mich gestärkt
an Deinem guten Ort erwachsen
in mein festes Ja zu Dir.

Wende Dich nicht schweigend von mir ab
Ps 28,1

Mein Mich-Kleinreden
schiebt mich
unter die Plastikbank
auf dem lärmvollen Bahnsteig.

In der Sammelecke
von Abfall und Papier
liege ich im Dreck.

Züge fahren ein.
Züge fahren aus.

Wende Dich nicht
schweigend
von mir ab!

Suche mich
lautstark
unter der Plastikbank!

Stöbere mich auf
in meinem
zerfahrenen Eigenwert!

Da hast du mein Klagen
in Tanzen verwandelt
Ps 30,12

In meinem Graugewand
kauere ich im Staub.

Ich habe Dein Angesicht
aus meinen Augen verloren.
In meinem verwaisten Herzen
stromert wildes Klagen.

Falle mir wieder ein!

Da lächelst Du mir zu
in sonnendurchfluteter Landschaft.
Du lächelst mit der Schönheit
Deines Angesichts.

Über Forsythienfeldern
rauschen Singvögelschwärme auf.

Mein Klagen zerstäubt zu Tanz.

Ich bin geworden
wie ein zerbrochenes Gefäß
Ps 31,13

Mein heiles Bild von mir
ist in tausend Scherben
zerfallen.

Voll Seufzen drehe ich sie
in meinen Händen.

Erkennst Du mich,
wenn ich mich
nicht mehr kenne?

Du lähmst den Lärm der Spötter
in mir.
Du lähmst den Lärm der Spötter
um mich.

Ich lege
mein zerbrochenes Gefäß
in Deine Hände.

Du siehst mich ganz
in jeder meiner Scherben.

Da bekannte ich Dir meine Sünde
Ps 32,5

Am Tatort steht
alles
in fest verschnürten Paketen.

Alles meins.

Ich spüre
Kälte und Sinnlosigkeit.

Da zeige ich Dir alles.
Alles ohne Dich.

Deine Grünkraft
sprengt Schnüre.

Alles anders.
Alles neu.

Alles unser.

Nahe ist der Herr den zerbrochenen Herzen
Ps 34,19

Blühender Magnolienbaum.
Dahinein
kracht die Botschaft
von einem verstorbenen jungen Leben.

Sofort
ziehst Du
die zerbrochenen Herzen
an Dein zerbrochenes Herz.

Du wiegst die Verbliebenen.

Unablässig hauchst Du:
»Ich-bin-da«
den Atemlosen ein.
»Ich-bin-da.«
»Ich-bin-da.«

Irgendwann
steht jemand auf,
gibt dem Magnolienbaum
frisches Wasser.

In Deinem Licht schauen wir das Licht
Ps 36,10

Als ich in Vorfreude
die Straße hinaufgehe,
ist mir,
als leuchte
die menschenleere Stadt
in Morgenstille.

Ich weiß, dass wir
über Dich
sprechen werden.
Für uns bist Du
die Lebensquelle.

Mittags sitzen wir
im überfüllten Gartenlokal.
In Deinem Licht
schauen wir das Licht,
das auf dem Fliesenboden flirrt:
blühendes Gloria im Staub.

Doch das Gehör
hast du mir eingepflanzt
Ps 40,7

Zwischen zwei Bussen
beim Überqueren einer Hauptstraße,
das Kind im Schlepptau,
mein Innenohr gerichtet
– plötzlich –
auf die Wichtigkeit
Deines klaren Anrufs:
»Halt an, wo läufst du hin?«

Tiefes Erschrecken auf offener Straße.

Flugs spende ich Dir Nächstenliebe.
Flugs spende ich Dir Spenden.

Doch:
Gehör hast du mir eingepflanzt.
Nichts anderes
soll ich Dir wohl schenken.

Das zweite Buch
Ps 42–72

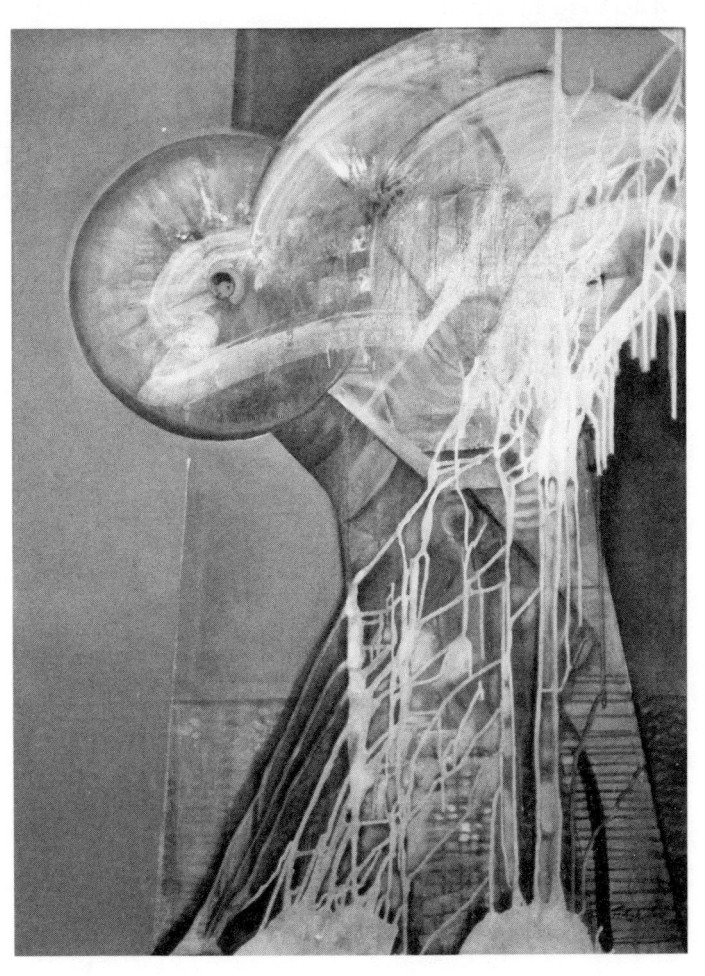

Warum hast Du mich verstoßen?
Ps 43,2

Meine tiefe Not
treibt mich
auf einer Toteninsel umher,
auf der Gerüchte lauern.

Ich gehe trauernd im Kreis,
ungeleitet im Unrecht,
ungeleitet im Dunkel.

Warum hast Du mich verstoßen?
Warum rettest Du mich nicht
vor Heimtücke und Hohn?

Sende mir Recht!
Sende mir Licht!

Ich friere erbärmlich.

Schwarzer Ginster
regnet mich zu.

Und doch haben wir Dich nicht vergessen
Ps 44,18

In meiner Kinderbibel
habe ich Dich ausgemalt
mit bunten Kinderstiften.
Ich war nicht allein,
denn Du hattest
alles in mir vernichtet,
was uns trennen konnte.

Doch nun
liegt meine Kinderbibel
im Dreck.

Du gibst mich allem preis,
was mich um Deinetwillen
verspottet.

Und doch
habe ich Dich nicht vergessen!
Nein, was Du in mich gesät hast,
keimt.

Ich will Dich mir ausmalen
mit neuen Farben
Deiner Liebe zu mir.

Gott ist in ihrer Mitte
Ps 46,6

Ich weiß noch, wie ich wankte,
als meine Mitte aus Spinnen bestand,
die mich einsponnen
in Netzen aus Chaos und Angst.

Niemand sagte zu mir:
»Erzähl von deiner Mitte.«
Ich dachte, meine Mitte
seien versponnene Innereien.
Sonst nichts.

Wie Du in meine Mitte kamst,
weiß ich nicht genau.
Nur, dass es geschah
wie eine Schwalbe einflitzt
ins Nest aus durchspeichelter Erde.

Spinnen zerfielen.

In meiner Mitte
wuchs mein Zufluchtsort,
voll von Dir.

Mein Mund spreche weise Worte
Ps 49,4

In meiner Gebetskammer
wartest
Du auf mich.

Du bist das ganz Andere.

Inspiriere meine Silben
zu unvertrautem Knistern.
Mische Dich ein,
wenn ich harmlos bin.
Durchwehe meine Bequemlichkeit
mit Deiner Dynamik.

In meiner Gebetskammer
wartet
meine Einsicht in Dich:
Schneeflechten im Unsagbaren.

Im Tod nimmt er das alles nicht mit
Ps 49,18

Nichts
wird er im Tod mitnehmen,
was er tragen kann,
nichts,
was er erfolgreich erreichte:
weder Vortrag, noch Taktstock,
weder Partitur, noch Applaus.

Doch die Weite
seiner Liebe zu Dir,
der schwingende Hymnus
seines Glaubens
wird ihn beflügeln
zu Dir hin.

Wird Licht sein?
Wird Licht sein!

Rufe mich an am Tag der Not
Ps 50,15

Deine Schöpfung
ist Dein Warenhaus.

Was Du willst,
Gott,
kannst Du Dir nehmen.

Nur nicht:
dass ich Dich liebe.
Nur nicht:
dass ich Dich nicht vergesse.

Doch das,
nur das ist es,
was Du haben willst.

»Ruf mich an am Tag der Not!«,
bettelst Du vor mir,
barfuß,
Dein wundes Herz
in Deiner wunden Hand.

Der Herr beschützt mein Leben
Ps 54,6

Meinen Erdbeergarten
mit den Buchsbaumwegen
beschütze ich sorgsam
bei Wind und Wetter.
Ich breite Nylonnetze über den Teich
und Reisig über die fröstelnden Rosen.

Doch Du
stellst mich mitten ins Freiland.
Du setzt mich Wintersturm
und Sonnenglut aus.
Du hältst mein Leben
unter prasselndes Laub.

Du beschützt mich so anders,
als ich mich beschützen würde.

So inwendig.
So intim.

Weit fort möchte ich fliehen
Ps 55,8

Dorthin, wo der Morgen
über dem Hügelland schläft,
möchte ich mit Taubenflügeln fliehen.

Ich schreibe seinen Namen in den Wind,
der mich und Dich heimtückisch verriet.

Meine Seele lodert vor Schmerz,
da ich ihn liebte.

Wie arglos bin ich in sein Schwert gefallen!

Er wird an seinen eigenen Worten ersticken!
Er wird in seine eigene Grube fallen!

Unbeirrt
schenken Du und ich
uns Vertrauen.

Mit Dir stehe ich fest
am Rand jeder Nacht.

Mir steht Gott zur Seite
Ps 56,10

Wie gehetztes Wild
treiben mich eure Irrworte umher.

Woher nehmt ihr das Recht,
falsch zu reden?

Ich presse meine Faust
gegen meinen Kehlkopf,
machtlos zum Widerwort.

Du schlitzt ihre Irrworte auf.
Du vergießt ihr tödliches Gift.

Du stehst mir allerseits bei,
Du fester Wind,
an den ich blindlings
mich lehne.

Sprecht ihr wirklich Recht, ihr Mächtigen?
Ps 58,2

Du siehst,
wie sie in eigene Taschen
wirtschaften,
die Augen vor Missständen
zudrücken.

Sie selbst im grünen Bereich.
Sie selbst auf der sicheren Seite.
Sie selbst im Trockenen.

Löse ihre Selbstsicherheit auf
wie Schneckenschleim!

Sprich Deine Gerechtigkeit
durch ihre Megaphone
weltweit
als aller allerletztes Wort.

Du aber, Herr, verlachst sie
Ps 59,9

In meinen Träumen lauern
schlechte Erinnerungen auf,
jagen im Dunkel umher.

Hungrig lechzen sie nach mir.
Hungrig geifern sie nach mir.
Ich zittere unter ihrer Macht.

Du aber verlachst sie.
Du spottest ihrer Gier.
Du zerstreust sie.

Dein Lachen erlöst mich
aus altem Bann.

Ich werfe meine Träume
in Dein schlafloses Licht,
juble über Dich am Morgen.

Vom Ende der Erde rufe ich zu Dir
Ps 61,3

Von dort,
wo ich am Ende bin,
in Schlammschlacken,
im Morast, im Verzagen,
ach,
so fern von mir,
so fern von Dir
ruf ich:
Erinnerst Du, dass ich an Dich glaubte?
Lass mich nicht untergehen!

Du hörst mein Flehen im Schilf.
Du gibst mir Boden unter den Füßen.

Im Schutz Deiner Flügel
bete ich meinen Kleinglauben
wieder groß.

Gott, Du mein Gott, Dich suche ich
Ps 63,2

Weitaus brennender
als die brennende Giraffe von Dali
und: alle Schubladen geöffnet,
auch die geheimsten,
so suche ich Dich,

denn ich weiß,

dass mein Leben mit Dir
weitaus unerschrockener ist,
weitaus glühender,
weitaus sprühender
und:
gesättigt am tiefsten Grund.

So ordnest Du alles
Ps 65,10

Milchiger Herbstabend.
Violette Astern am Weg.

Fallobst
im alten Weidenkorb.

Auf der Wiese
Kühe mit glattem Fell.

Knorrige Bäume
zwischen blauen Bergen.

Du schreitest
in Deinem Lebenshaus
umher.

Gebend.
Segnend.

Gott hat auf mein drängendes Beten geachtet
Ps 66,19

In weißen Fluren,
als ich auf Nachricht wartete
und auf Linolboden wankte,
beschwor ich Dich inständig,
bei mir zu sein.

Menschen schritten über meinen Kopf.
Ich ging durch Feuer und Wasser,
doch spürte ich fest Deine Gegenwart.

Du wandeltest Flure in grüne Alleen.
Du setztest Keimlinge in schwarzen Boden.
Du weitetest ängstliche Wände.

Allem
fühlte ich mich gewachsen,
weil Du mich
so gründlich
am Leben erhieltst.

Das dritte Buch
Ps 73–89

Gott nahe zu sein ist mein Glück
Ps 73,28

Ich aber spürte
im größten Kaufhaus der Welt
auf der Rolltreppe
zwischen Spiegelwänden
unter glitzernden Leuchtern
bepackt mit Plastiktaschen
im Stimmengewirr,
im Poprhythmus
auf einmal
universale Leere
in mir.

Verloren hockte ich mich
auf ein Stühlchen
neben den Toiletteneingang.

»Mein Gott!«,
keifte eine Stimme
aus den Toilettenräumen.
Nasses Putztuch klatschte
gegen Kacheln.

Ich aber flüsterte:
»Ach ja, Du!«,
lächelte vor Glück.

Ach, dass mein Volk doch auf mich hörte!
Ps 81,14

Durch Gebetsrituale gehetzt.
Durch Neuschnee gehetzt.
Durch Vereinsgetuschel gehetzt.
Durch Flugschatten gehetzt.

Ich sitze im Sessel.

»Ich habe versucht,
dich anzurufen«,
sagst Du,
»doch du warst immer besetzt.«

»Ich war wohl außer Haus«,
sage ich.
Leiser:
»Ich war wohl außer mir.«

»Ach«, sagst Du.
»Ach.«

Schweige doch nicht, o Gott!
Ps 83,2

Alles in mir hat sich
gegen Dich und mich verbündet:
mein flackernder Mut
mit meinem Schneckenhaus
mit meinen Lebensmustern
mit meiner Trägheit
mit meinen Zweifeln
mit meiner Panik.

Alles in mir
schreit
gegen Dich und mich.

Ich bitte Dich:
Bleibe nicht stumm!
Stelle Deinen Namen
in mir
wieder laut!

Wohl den Menschen, die Kraft finden in Dir
Ps 84,6

Nicht Fisch, nicht Fleisch
war ich.
Grenzenlos
meiner Sehnsucht nach Nähe
ausgeliefert.

In trostlosem Tal
fielen Wölfe über mich her.

Mein Lebensweg
ging dornreich abwärts.

Doch Du hast
liebevoll
mein Tal mit Tulpen übersät,
mich mit Frühregen gesegnet.

Bei jedem Schritt
mit Dir
erwachte meine Lebenskraft,
erwachte mein Name in mir.

Dich schaue ich
plötzlich überall.

Erhöre mich, Herr,
denn ich bin arm und gebeugt
Ps 86,1

Im Krankenhausbett
so ausgeliefert
fernab und voll Schmerz
und vor dem Fenster
roter Winterhimmel
ohne Abendstern.

Plastikschnur an Plastikstange.
Plastikgeschirr auf Plastiktablett.

In der Dämmerung
stirbt die alte Hündin zu Haus,
still und ohne Abschied.

Meine Armut
hockt auf dem Fensterbrett.
Ihre Stimme,
rau und kraftlos
in den roten Winterhimmel:
»Erhöre Du mein elendes Frieren!«

Weise mir, Herr, Deinen Weg
Ps 86,11

Ich verneige mich vor Dir
in tiefer Gebärde,
denn ich hatte Dich verloren
und habe Dich wiedergefunden.

Ich hatte nur pechschwarze Steine
im Blick,
doch hieltest Du mir
Fliederbüsche am Wegrand
vor Augen.

Nach ihrem Duft will ich
wieder und wieder suchen,
wenn dunkler Schnee
meine Lider bedrückt.

Meine Seele ist gesättigt mit Leid
Ps 88,4

Wohin ich schaue,
erblicke ich Elend.

Sterben
um mich herum
und in mir.

Das alles scheinst Du
nicht zu bemerken.

Du hilfst mir nicht.
Du nimmst mir alles,
was mich stützt.

Kann mein Gebet
durch meine Sorgenberge
zu Dir dringen?

Werden Deine Wunder
mich in meiner Finsternis
erreichen?

Das vierte Buch
Ps 90–106

Unsere Tage zu zählen, lehre uns
Ps 90,12

Unsere wundgezählten Finger
sammeln seufzend
welkes Zifferngras der Zeit.

Du,
der Du mit uns
von Ewigkeit zu Ewigkeit
lebst,
lehr uns das Zählwerk
eines weisen Herzens,

das jeden neuen Tag
als Morgengabe deiner Fülle
nimmt
mit Splittern aus Gram,
mit Splittern aus Glück.

Du hast mich durch Deine Taten froh gemacht
Ps 92,5

Wie weit öffnet sich mein Lebenstor,
weil Du alte Riegel vom Rost befreitest!
Du kamst aus den Gärten zu mir.

Meine Quälgeister hast Du zerstückelt
wie trockenen Tabak,
eigenhändig im Morgen verstreut.

Wie lange sah ich Deine Taten
in fremden Mänteln.
Wie schön ist es nun,
Dich unverhüllt zu erkennen!

Du wandelst mein Winterfell
in Gefieder.
Du lehrst mich zu fliegen.

Wie schön ist es, Dir zu danken!

Jubeln sollen alle Bäume des Waldes
Ps 96,12

In dunkelgrünen Wäldern
ruhen verborgene Lieder.

Du lockst sie hervor
mit Deinen wiegenden Händen.

Klänge, die ins Innere fallen,
in die Warteräume Deines Erdreichs,
in die Warteräume unserer Träume.

Brausender Jubelchor im Schöpfungsdom.

Wie froh lebt es sich
in Deiner festlichen Partitur!

Ich lebe in der Stille meines Hauses
Ps 101,2

Mitten im Grüngeflecht
des alten Gartens
lebe ich
in der Stille meines Hauses
aus Kiefernholz und Glas.

Jeden Morgen
wächst langsam
das Morgenlicht,
öffnet behutsam
die Schalen der Welt.

Jeden Abend
hüllt Dunkelheit
Schmerzvolles ein,
bettet es sanft ins Geheimnis.

Dem Lärm der Welt
ist der Zutritt verwehrt
in die Stille meines Hauses.

Wo sonst,
wenn nicht hier,
könnte ich einsiedeln
in Dir.

Du aber bleibst, der Du bist
Ps 102,28

Im Pflegeheim schläft meine gelähmte Mutter.
Im Krankenhaus schläft mein krebskranker Mann.
In fremden Städten schlafen meine Kinder.

Ich gehe durch morgendunkle Straßen,
in der Tasche Schreibblock und Stift.
Ich bin nur noch Haut und Knochen.

Du aber bleibst, der Du bist.

Du, der Du aller Verlassenen gedenkst,
warum solltest Du nicht
mein Schmerzherz beleben?

Ich gehe ins Marktcafé.
Ich setze mich an einen Tisch.
Ich trinke Cappuccino,
in dem mein Kummer schimmert.

»Nimm deinen Stift«,
bittest Du leise,
»schreib!«

Das fünfte Buch
Ps 107–145

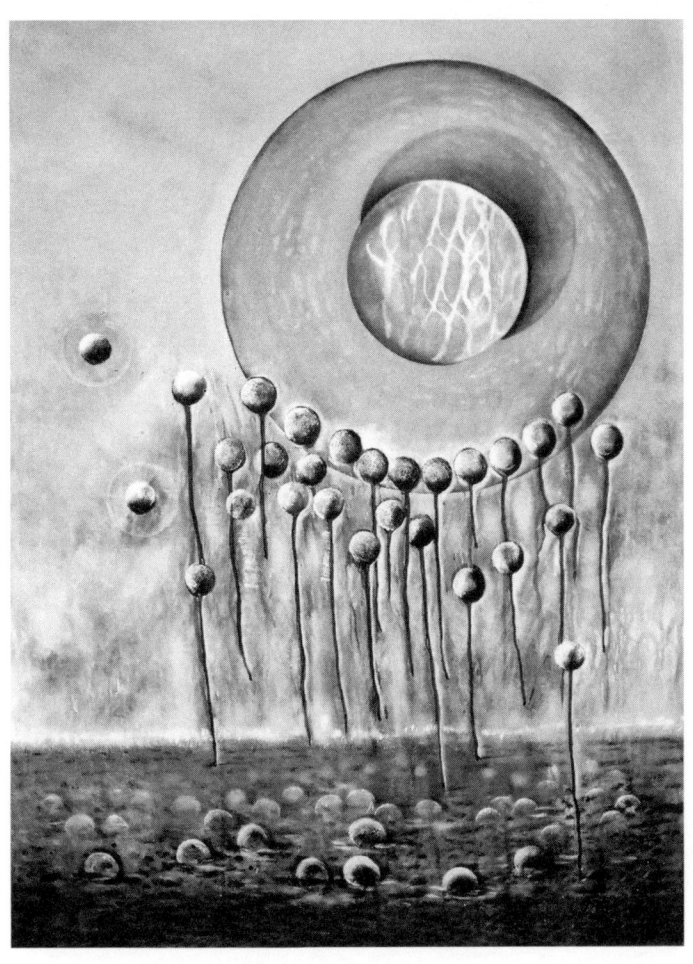

Wach auf, meine Seele!
Ps 108,2

Fällst wieder und wieder
in tiefen Schlaf
mit trockenen Lippen
und träger Zunge.
Gewohnheit lullt dich ein
in deinem Federnest.

Wach auf, meine Seele!

Lange schon ringe ich
mit deinem Singen,
mit deinem Schweigen
in dunklen Nächten.

Heut endlich
will ich den Morgen
entflammen,
Zwielicht zerreißen,
heut endlich
meinem Glauben
glauben.

Wach auf, meine Kehle!

Was ist mit dir, Meer, dass du fliehst?
Ps 114,5

Einst wurde ich
durch geteiltes Meer geführt.
Rechts und links
türmten sich Wassermassen.

Ich schritt trockenen Fußes.
Mein Schmerzherz
lachte vor Glück.

Was ist mit dir, Meer,
dass du wieder fliehst?
Merkst du nicht, dass der,
der stärker ist als du,
dich wieder für mich teilt?

Beuge deine Wasser,
Meer, vor dem,
der alles wandeln kann,
der errettet aus jedem Tod.

Dein Wort will ich nicht vergessen
Ps 119,16

In all den Klagelauten
ohne Kompass
will ich Dein Wort
nicht vergessen,
doch ich vergesse es
immer wieder.

Einbrennen
möchte ich Dein Wort
auf der Tafel meines Herzens,
doch ich verwische es
immer wieder.

Wiederkäuen
möchte ich Dein Wort,
doch es entflieht
meinen Lippen.

Froh bin ich,
wenn ich merke,
dass es Dein Wort ist,
das mir fehlt.

Dann, nur dann
kann ich es
suchen.

Meine Seele klebt am Boden
Ps 119,25

In meinem Tagebuch
habe ich mich festgeschrieben
in meinem Elend.

Morgen für Morgen
schreibe ich schreibend
mich mir vor.

Mein Bleistift kennt nur
gleiche Wörter.
Meine Hand kennt nur
gleiche Linien.

Du kennst das Wort
das mich auferstehen lässt.

»Finde es!«,
rufst Du mir zu,
jung und ungestüm.

Da war unser Mund voll Lachen
Ps 126,2

Zuerst dachten wir,
die weite Landschaft sei uns fremd
und ihre Wege seien uns versperrt.

Doch als wir mehr und mehr
das Geschenk Deiner Freiheit
erfuhren, begannen wir,
die weite Landschaft zu lieben,
durchschritten sie bald
aufrecht und froh.

Zedern reckten sich in glitzernde Luft.
Garben jubelten uns sonnengelb zu.

Wir waren wie Träumende
und unser Mund so voll Lachen,
dass wir uns fest an den Händen hielten,
um Dein heilsames Wirken zu begreifen.

Die Pflüger haben auf meinem Rücken gepflügt
Ps 129,3

Meine Eigenart
ist mit Häme durchzogen,
mit Furchen aus Streitsucht und Neid
von den Nackenhärchen
bis zum Steißbein

Doch:
mein Rückgrat ist ungebrochen
wegen Dir.

Lass meine Bedränger links liegen!
Lass sie vertrocknen
samt ihrer leeren Staubgefäße!

Unbesehen!
Ungesegnet!

Aus der Tiefe rufe ich, Herr, zu dir
Ps 130,1

In dunklen Tiefen hocke ich
unter tosenden Wassern.
Staudämme sind gebrochen.
Leidensfluten schlagen
über mir zusammen.

Wie konnte ich Dich nur vergessen!

Nichts ersehne ich mehr
als Deine Gegenwart.

Doch Du bist nicht nachtragend.

Du ziehst mich empor ans Morgenlicht.
Du ziehst mich ins freie Leben.

Ich ließ meine Seele ruhig werden
und still
Ps 131,2

In meine Stille
legst Du Dein Lied,
lässt meine Seele
Deine Liebe singen.

Und meine Antwort
ist mein Dasein
auf Dich hin,
der Du den Menschen
alles bist.

Du bist der Töpfer.
Ich der Ton.
Dich lasse ich an mir geschehen
und wag mein brüchig Dasein
darauf hin, dass Du bist.

Wie ein kleines Kind bei der Mutter
Ps 131,2

Umtriebig war ich
auf Parkplätzen,
auf Sonnenbänken,
überzeugt, alles Machbare
machen zu können.

Schiedsrichterin war ich
mit roter Trillerpfeife.

Eigentlich wusste ich
alles besser als Du.

Doch mein Hochmut
ist an Deiner Schlichtheit
zerschmolzen.

Wie ein Kind
ruhe ich auf Deinem Bauch,
atme Deine weiche Haut,
streichle Deine schönen Brüste.

Du gabst meiner Seele große Kraft
Ps 138,3

Als ich kraftlos nach Dir rief,
durchschütteltest Du mich
mit Deiner Liebe,
mit Deiner verschwenderischen,
bedingungslosen Liebe,
und meine geschnürte Bedürftigkeit
verflüchtigte sich
durch die gerüttelten Poren
meiner Haut.

Du schütteltest
meine hängenden Schultern,
rütteltest meine Erstarrung,
durchblutetest mich
von Kopf bis Fuß
mit Deinem Lebenssaft

und nur,
weil ich es Dir zutraute.

Du hast mich erforscht und Du kennst mich
Ps 139,1

Auch wenn ich mich
in meiner Phantasie
in völlig neue Zusammenhänge versetze,
selbst wenn ich mich
lebendigen Leibes
im völlig Unvertrauten erproben muss,
um Weiterleben zu können,
kennst Du mich,
denn Du hast mich erforscht
mit der Intuition einer Liebenden,
die um die schmerzhafte Schönheit meiner Reifung
weiß.

Dir vertraue ich
das Webmuster meines Lebens an
in seiner Unbegreifbarkeit.

Du hast mich gewoben
im Schoß meiner Mutter
Ps 139,13

Gewoben hast Du mich
am heiligen Ort Deiner Gegenwart.

In Deinen Augen
schimmert froher Glanz.

Ich bin eine Uraufführung
auf der Lebensbühne.

Ohne Vorhang
stellst Du mich bloß.

Ich spiele meine Gastrolle
mit gepacktem Koffer.

Auf den Brettern Deiner Welt
tanzt es sich
gnadenreich
bodenlos.

Ich schütte vor ihm mein Klagen aus
Ps 142,3

Ich stemme die Schüssel
mit meinem rohen Klagen
hoch in Deine wundersame Freiheit.
Schwerstarbeit in einer stillen Nacht.

Ich wende die Schüssel.

Da taumelt mein Klagen
schreiend umher,
hakt sich im Dornbusch ein.

Pflück Du mein Klagen!
Entwirr Du mein Schreien!
Sortier Du mich neu!

Alle, die Deine Freiheit kennen,
nicken mir zu,
alle,
die Deine Art zu lieben
so lieben
wie ich.

Niemand fragt nach meinem Leben
Ps 142,5

An kalte Wand gedrängt
von all den Größten,
den Schönsten,
den Besten.
In dunkler Fuge
zwischen Mauersteinen
verschwunden.
Ungesehen.
Unbeachtet.

Zeit im Mörtel.
Zeit im Tod.

Ich schreie Dir zu:
Frag mich nach meinem Dasein!
Frag mich nach mir!

Dir will ich mein Leben öffnen,
mich von Dir lieben lassen,
bis ich mich wieder lieben kann.

Keiner, der lebt, ist gerecht vor Dir
Ps 143,2

Berühre mich
unter meinen Masken.

Richte mich,
wo ich mich verfehle.

Richte mich,
wo ich Dich verfehle.

Sieh auf meine Liebe zu Dir,
wenn ich jämmerlich
vor Dir hinke.

Ich bin nicht.
Ich werde.

Zeige mir den Weg, den ich gehen soll
Ps 143,8

Im Kreisverkehr
verfahre ich ziellos Zeit.

Ich steige aus,
erhebe meine Seele zu Dir.

Du weist mir den Weg.

Der Weg ist steinig.
Der Weg ist uneben.

Habe ich Dich recht verstanden?

Zögernd
setzte ich Fuß vor Fuß.

Du gehst mit.

Der Herr ist gütig zu allen
Ps 145,9

Selbst in finsterster Dunkelzone
steckst Du mir
winzige Hoffnungsbüschel zu.

Nie hätte ich gedacht,
dass Zukunft mich wieder berührt
in meiner ledernen Echsenhaut.

Du überraschst mich
mit blütenweißer Leinwand,
mit einem zweiten Kuss.

Wie Du zu mir bist,
bist Du zu allen.

Warum meine ich,
Menschen
alleine retten zu müssen?

Dein gutes Helfen
geschieht zur rechten Zeit,
unerforschbar im Verstörten,
unerforschbar im Gebet.

Das Finale
Ps 146–150

Lobe den Herrn, meine Seele
Ps 146,1

Ich liebe Dich in weißen Kirschblüten,
in Walnüssen, die zu Boden prasseln,
in der warmen Haut der Kinder,
in fremden Gesichtern,
im Möhrenschälen,
im Schreiben,
im Traum.

Ich liebe Dich im Überraschenden.
Ich liebe Dich im Gewohnten.

Ich liebe Dich im Singen.
Ich liebe Dich im Klagen.

Ich liebe Dich im Schweigen.

Ich liebe Dich in allem.
Ich liebe Dich trotz allem.

Ich lobe Dich
mitten
durch
hin.

Halleluja!

Nachwort

Petra Fietzek hat mir das letzte Wort zu ihrem Buch geschenkt: das Nachwort. Das ist für mich die Erlaubnis, ihrem Geschriebenen nachzustellen und nachzuspüren.

Ich bin zum Nach-Leser geworden. Und während ich ihren Psalmeninspirationen gefolgt bin, habe ich – wie von selbst oder gar von ihrer, der Schreiberin Hand geführt – nach-empfunden und nach-erlebt. Ja, auch im Lesen ist oft – sofort! – der Schauer des Mitlebens auf mich gefallen. Da ich mich dabei stets im konkreten Alltag, auch in meinem persönlichen, wiederfand, habe ich ihre Psalmen mitleben und nachleben dürfen.

Die Momentaufnahmen dieses Buches, wie die Autorin ihre Texte nennt, hat sie in der Tat auch in mein Leben geschrieben. Ich konnte und wollte mich des in mein Leben Eingeschriebenen nicht erwehren. Gerade die erste Ohnmacht dem Geschriebenen gegenüber hat mir gut getan. Ich musste innehalten, Eigenes loslassen und so der kraftvoll einfühlsamen Sprache und Bilderfülle die Tür zu meinem Leben öffnen, mit diesen Worten und Bildern leben lernen. Ich habe ihr auf Gott gerichtetes Du nachgesprochen und dadurch mein Ich, m-ich mehr erfahren dürfen. In meinem »Herzgehölz« durfte, ja musste, nein wollte ich wagen, mit Gott zu leben.

Gottesbilder und Gottes Bilder, die der lesende Mensch in den Psalmeninspirationen von Petra Fietzek bewusst findet oder unbewusst wahrnehmen muss, durchdringen sich.

Der Gott, der zornig ist, weil er um meinen Zorn weiß und meinen Zorn mit mir teilt.
Der Gott, der traurig ist, weil er um meine Trauer weiß und meine Tränen mit mir weint.

Der Gott, der mir Raum schafft, weil er weiß, dass ich in des Lebens Weite geführt werden muss.

»Auch wenn Dein Name mir zum Fremdwort geworden war …«, ich durfte mich mit Petra Fietzek Gott nähern, ich konnte zulassen, wie ER sich mir als Fremdgewordener näherte. Plötzlich kam Gott mir als der Menschgewordene entgegen: in seiner Menschlichkeit, ja, in meiner Menschlichkeit.

> »Von Dir behütet
> leb' ich im Dennoch
> mit aufmerksamem Herzen.«

Petra Fietzeks Psalmeninspirationen treffen. Ihre Bilder werden meine Bilder, weil es längst meine Bilder waren, allerdings verborgen in den tiefen Kellerschichten meiner unbewusst gebliebenen Seele. Durch den Anstoß ihrer Bilder sind sie zu mir emporgeschnellt und ins lichtvolle Bewusstsein gedrungen. Sie haben sich gelöst aus uralten kollektiven Bilderwelten und sind zu meinen Bildern geworden, zu Abbildern meines ureigenen Lebens.

Petra Fietzek hat Gott zu mir sprechen lassen: »Du darfst Dich behütet fühlen von mir und als ein Behütender führe ich Dich hinaus ins Weite.«

Aus dem Zweifler wurde ein Vertrauender, weil ich zweifeln durfte. Aus dem Nörgler wurde ein Jubelnder, weil ich nörgeln durfte. Aus dem Klagenden wurde ein Dankender, weil ich klagen durfte. Aus dem Weinenden wurde ein Lachender, weil ich weinen durfte.

Aus dem Suchenden ist ein Gefundener und aus dem Sprachlosen ein Sprechender geworden, weil die Schreiberin vorgesprochen hat und ich nachsprechen konnte.

Sie hat aus dem unendlichen Weisheitsschatz uralter Bilder der Menschheit geschöpft, die Bildersprache der Psalmisten des Alten Testamentes buchstabiert für mein Heute.

Ihre Worte habe ich – der Nachleser – nachgesungen, weil sie die Melodien des Lebens erklingen lassen. Schnell wurde mein eigener Gesang daraus: ein Zusammenspiel von laut leise, hell dunkel, hektisch und seelenruhig.
Unerwartet gelange ich zu dem, der ich bin.

Carl Möller

Biografien

Petra Fietzek, geboren 1955, schreibt Lyrik und Prosa für Erwachsene, Jugendliche und Kinder. Ihre Bücher wurden in zahlreiche Sprachen übersetzt. Ferner arbeitet sie für den Rundfunk, hält Lesungen und leitet Schreibseminare. Sie lebt mit ihrer Familie in Coesfeld im Münsterland.

Rainer Fietzek, geboren 1941, verstorben 2009, arbeitete als Maler und Bildhauer und war im Schuldienst am St. Pius-Gymnasium in Coesfeld tätig.

Dr. Carl Möller, geboren 1952, ist Theologe und analytischer Psychologe. Leiter des Fachbereichs Vergleichende Religionswissenschaften am C.G. Jung Institut, Zürich; Dozent an der Katholisch-Theologischen Fakultät der Universität Münster; Rektor und Exerzitienmeister im Kloster Vinnenberg (Münsterland).

Bildnachweis

S. 9 »Erinnerung« (2001), Acryl/Leinwand, 120 x 90 cm
S. 27 »Engel vor Babylon« (2002), Acryl/Leinwand auf Holz, 110 x 80 cm
S. 43 »Berg der Verklärung« (2007), Acryl/Leinwand, 50 x 70 cm
S. 51 »Chance« (2001), Acryl/Leinwand, 100 x 120 cm
S. 57 »Hymnus« (2002), Acryl/Leinwand auf Holz, 110 x 80 cm

Inhalt

Das fünfte Buch (Ps 107–145)

Das Finale (Ps 146–150)

Der Matthias-Grünewald-Verlag ist Mitglied der Verlagsgruppe engagement

Umschlaggestaltung: Finken & Bumiller, Stuttgart
Umschlagabbildung: www.photocase.com © misterQM
Gesamtherstellung: Matthias-Grünewald-Verlag, Ostfildern
Hergestellt in Deutschland
ISBN 978-3-7867-2805-4

Verdichtete Gebete

Petra Fietzek
Es kommt ein Tag, da deine Grenzen sich weiten
Gedichte
Mit einem Vorwort von
Elisabeth Moltmann-Wendel

Format 12 x 19 cm
104 Seiten
Hardcover
ISBN 978-3-7867-2615-9

In eigenständiger, unverbrauchter Sprache und eindrücklichen Bildern lädt Petra Fietzek ihre Leserinnen und Leser zu einer Entdeckungsreise ein, zur Suche nach Gott. Die gewohnten Grenzen zwischen Gott und Welt werden fließend. Wo sie sich durchdringen, wird das Leben buchstäblich neu entbunden.
Eine ungewöhnlich kraftvolle Lektüre – intensiv, inspirierend und wie ein großes Versprechen, denn *es kommt ein Tag, da deine Grenzen sich weiten* ...

Matthias-Grünewald-Verlag
der Schwabenverlag AG
www.gruenewaldverlag.de

Gedichte und Gedanken

Petra Fietzek/Peter Wild
Aus Heimweh nach mir
Suchbewegungen

Format 12 x 19 cm
88 Seiten
Hardcover
ISBN 978-3-7867-2703-3

Heimweh nach sich selbst, das heißt sich verloren zu fühlen, das Einfache zu ahnen, in der Gnade zu schwimmen.
Petra Fietzeks Gedichte vergegenwärtigen diese Erfahrung
in eindrücklichen Bildern. Peter Wilds einführende Texte
eröffnen einen Horizont, der die Lektüre der Gedichte
bereichert, ohne diese zu zerreden.
Das Buch verschweigt nicht die Ungewissheit der Suche.
Aber es atmet die Gewissheit, dass dem urgründigen
Heimweh Raum zu geben auch schon Ankunft bedeutet.

Matthias-Grünewald-Verlag
der Schwabenverlag AG
www.gruenewaldverlag.de